Ciclos de vida

El ciclo de vida de un delfín

por Jamie Rice

Ideas para padres y maestros

Bullfrog Books permite a los niños practicar la lectura de textos informativos desde el nivel principiante. Las repeticiones, palabras conocidas y descripciones en las imágenes ayudan a los lectores principiantes.

Antes de leer

- Hablen acerca de las fotografías. ¿Qué representan para ellos?

- Consulten juntos el glosario de las fotografías. Lean las palabras y hablen de ellas.

Durante la lectura

- Hojeen el libro y observen las fotografías. Deje que el niño haga preguntas. Muestre las descripciones en las imágenes.

- Léale el libro al niño o deje que él o ella lo lea independientemente.

Después de leer

- Anime al niño para que piense más. Pregúntele: Las madres de los delfines dan a luz a una cría a la vez. ¿Puedes pensar en otros animales que tienen un bebé a la vez?

Bullfrog Books are published by Jump!
5357 Penn Avenue South
Minneapolis, MN 55419
www.jumplibrary.com

Library of Congress Cataloging-in-Publication Data

Names: Rice, Jamie, author.
Title: El ciclo de vida de un delfín / por Jamie Rice.
Other titles: Dolphin's life cycle. Spanish
Description: Minneapolis, MN: Jump!, Inc., [2023]
Series: Ciclos de vida | Includes index.
Audience: Ages 5–8
Identifiers: LCCN 2022005117 (print)
LCCN 2022005118 (ebook)
ISBN 9798885240055 (hardcover)
ISBN 9798885240062 (paperback)
ISBN 9798885240079 (ebook)
Subjects: LCSH: Dolphins—Life cycles
Juvenile literature.
Classification: LCC QL737.C432 R52518 2023 (print)
LCC QL737.C432 (ebook)
DDC 599.53156—dc23/eng/20220201

Editor: Eliza Leahy
Designer: Emma Bersie
Translator: Annette Granat

Photo Credits: vkilikov/Shutterstock, cover; Tory Kallman/Shutterstock, 1; WitthayaP/Shutterstock, 3 (top); Potapov Alexander/Shutterstock, 3 (bottom); David Fleetham/Alamy, 4, 23tl; Helmut Corneli/Alamy, 5; Universal Images Group/SuperStock, 6–7, 8, 23tr; Paul Vinten/Shutterstock, 9, 23bl; Izanbar/Dreamstime, 10–11; Hiroya Minakuchi/SuperStock, 12–13; Joost van Uffelen/Shutterstock, 14–15, 22; Christian Musat/Shutterstock, 16; Karen van der Zijden/Alamy, 17; Dray van Beeck/Alamy, 18–19, 23br; Hugh Harrop/Alamy, 20–21; drpnncpptak/Shutterstock, 24.

Printed in the United States of America at Corporate Graphics in North Mankato, Minnesota.

Tabla de contenido

Esta hembra está embarazada. Tendrá un bebé.

cría

Pasa un año.

¡Nace su cría!

Esta nace en el océano.

Mamá empuja su cría a la superficie.

¿Por qué?

Los delfines respiran el aire con sus espiráculos.

espiráculo

La cría nada por su cuenta.

Ella sigue a mamá.

manada

Ella nada con la manada de delfines.

Ella juega.

¡Salta fuera del agua!

Ella toma la leche
de mamá.

Ella aprende a cazar.

Aprende cómo encontrar
su camino en el océano.

Pasan seis meses.

A la cría le crecen dientes.

diente

¡Come peces!

pareja

Pasan seis años.

¡Ahora es un adulto!

Deja a su mamá.

Encuentra
una pareja.

19

¡Ellos tienen una cría propia!

cría

El ciclo de vida de un delfín

El ciclo de vida de un delfín solamente tiene dos etapas.
¡Échale un vistazo!

cría

adulto

Glosario de fotografías

embarazada
Que tiene un bebé
desarrollándose
dentro del cuerpo.

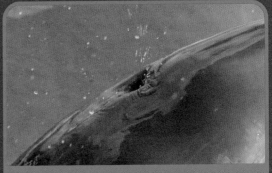

espiráculos
Las fosas nasales que están
sobre la cabeza de los delfines
y las ballenas.

manada
Un grupo de delfines.

pareja
En un par de animales,
uno de los compañeros
que se reproduce.

Índice

Para aprender más

Aprender más es tan fácil como contar de 1 a 3.

❶ Visita www.factsurfer.com

❷ Escribe "elciclodevidadeundelfín" en la caja de búsqueda.

❸ Elige tu libro para ver una lista de sitios web.